En un país extraño

Felipe Viñals

felipe_vinals@yahoo.com

Viñals Ardaiz, Felipe
En un país extraño / Felipe Viñals Ardaiz. - 1a ed. - Ciudad Autónoma de Buenos Aires : Boutique de Ideas, 2023.
63 p. ; 21 x 15 cm.

ISBN 978-987-4095-13-8

1. Poesía Argentina. I. Título.
CDD A861

Impreso en Latingráfica SRL. CABA, República Argentina.

ISBN-13: 978-987-4095-13-8
Queda hecho el depósito que marca la ley 11.723

IMPRESO EN ARGENTINA

Para Mayor Gloria de Dios

A la memoria de Juan Antonio Viñals
(1940-2020), mi papá

UNO

Rama de almendro

Dios me preguntó "Jeremías, ¿qué ves?" Y yo le dije: "Veo la rama de un almendro".

Jeremías 1:11

INVOCACIÓN

Abrasivo rojo de bromelia
mane de tu epitelio, tráquea,
verbo en hemorragia fosforescida
que como en la infancia salmodie
“ha vencido la raíz de David,
el león de Judá, aleluia”
y la noche ilumine
y los cheques difiera,
tensos *custodes* afloje;
al menos lo que duren los fonemas:
eso sí la poesía puede hacer.

LLAO LLAO

Hacia el corazón helado
de un lago invernal
hacia el pasto aterido
hacia la pureza;
en la soledad del camino,
un peón de a caballo. Corría
por mi nariz la lluvia.

El paisaje me empezaba a hablar
en los pinos en la grama
en el cielo monocromo
en el hongo llamado llao llao.

Llegué a un espejo entre montañas
una cascada
se le abismaba, inmensa

                              y esa voz
golpeando el hielo para mí
fue un hogar ardiendo.

REQUERIMIENTO

Se demora el jacarandá
en una ascesis de leño erguido
ya entrado noviembre.

Como si un otro yo suyo dijere:
"así obraría un árbol
a punto de morir: yermo
en el vértigo de lo feraz".
Mas para revelarse, después,
sutilmente fragante,
como el Linneo guaraní
lo describiera; expresando
una y otra vez, esa flor
lila, invisible.

Y su mortaja fuera excusa,
o quizás el fin verdadero,
desbaratado por el piar,
el musgo, los llamados
que recibe un árbol
para decir vascularmente
desde infinitos poros:

Sí.

DESPUÉS DEL DILUVIO

La tormenta tiró el gajo colosal
esa noche. Arrancó eucaliptos
de raíz, eran gigantes, y su ruido
al caer retumbaba como truenos.

Desata ahora el sol un halo
vaporoso de cada brizna.
La piel del gran tronco, cuarteada
brilla con rocío,
lustrosa de resina.
De cerca, sigo a las hormigas
carpinteras, que lo roían
en secreto, como carcoma.

Los pequeños pinos,
antes invisibles
en la madeja verde, son ya
promesa cierta de un bosque.

A LA LUZ DEL GRAN ROBLE AMARILLO

El gran roble amarillo en la niebla es
un candelabro de siete brazos
que veo fulgurar en cada instante:

tras la ventana es puro Afuera,
pero bajo su sombra ya no soy yo
ni es tampoco él, ya del todo, un roble:

nos fusionamos, como atestigua el
color de mi piel moteada de luz
y lo que en sí repercuta de mi,

le digo: gracias
por llamar siempre,
gracias por llamar a que vuelva.

ABRE MIS LABIOS

Una vez más, jacarandá,
opalino alveolo lila,
tu copa me recorta
el cielo con *fumetti*
de gris vaporoso y carbonilla.

Lo recorta en la inmanencia
de la respiración que compartimos
a través de noviembres,
fiebre y laberinto.

Holla la grama mi piel,
cada cámara violeta
es transida de sol
y una aérea parusía
de floración y ascenso
te revive.

LOS DOS CAMINOS

En la gramática de la enredadera
ninguna cláusula concluye.
Escribe el jazmín un entrevero
de derivaciones,
se expande, abrazado a alambres,
troncos y otras enredaderas.

El árbol es bisilábico:
subir, subir,
esa sola sentencia lo impulsa.

Es la praxis de manifestarse
la cuña que graba el devenir
y lo hace irrevocable:

al final el trazo es maraña
ya imposible de leer;
la fronda, un estuario
que deriva hacia el aire.

HORNEROS

Su cobijo umbrío
ocupa el hornero
en la fisión del mediodía.

Ese domo humilde es
su programa vital,
no es libre de hacer
pirámide u obelisco.

Y al verlo terminado, se
comienza de a poco a hastiar:
la calandria o el zorzal
son importunos vecinos.

Así que levanta vuelo
y se va, diciendo «igual
ya era hora
de hacer otra casa».

EL ARTE DE LA CALANDRIA

El arte de la calandria
es una cosa sutil,
pareciera violar
un secreto de otros,
digo del
muitú, el chajá, o pijuí
o burlárseles
(de ahi que en inglés
sea *mockingbird*).

En la rama más alta,
nunca igual a sí misma, glosa
un eco intuitivo, sin fin
(en tupí,
guyra ñe'engatú,
que quiere decir parlanchín);

hasta que una nota propia
asoma por azar,
y copiándose a sí misma
se vuelve original.

GRACIA,
fragante del durar
que no siega la escanda,
nimio minuto suspenso
en la ligereza de un giro.

Andaba
por las calles de Liniers
al trasiego entre dos vidas,
el suelo un manto espliego
replicante de jacarandás.

Te tenía entonces;
bajo el celo de las tipas
hilos de sentido
germinaban
y era una estasis el olvido
de música incierta.

Sopla el don cuando quiere.
En mi caso, un año o dos,
en el paso hacia ser hombre.

Señas de vapor tras un espejo,
cartas que llegan a un baldío:
vecina y remota, habita.

EN LA SAGRADA FAMILIA

Quería escribir un poema
que dijera que mi hijo es un ciprés;
pero perdí el hilo
y se acumularon tantos sentidos
incoherentes, indeseados;
líneas de fuerza en maraña
de direcciones, inextricables...

Solo quería decir que existe
esencial,
como un ciprés.
Y que habita en mi vida
como el pan ácimo
en la historia de Israel.

LA NIEVE

La nieve ocurre
por primera vez
en esa foto.

Todavía no comienza,
pero mi vida está ahi.

Como entonces, es:
vuelve a ser estera de humo helada,
con su parca motricidad azul,
flor-geoda en blanco amonio
iridiscente y, en mis labios,
pulido gres.

Mi padre me fotografió,
¿o fue mi hermano?, en ese
breve verano, de viaje sin mi madre.

Abajo el hielo *permafrost*
quemaba brotes nuevos;
solo el musgo vivía
y la raíz escondida
¿hasta el final del viaje,
la vuelta al verano?

EL CAMPO Y LA CIUDAD

Diciembre es el mes más cruel,
germinando saqueos
del limo suburbano,
pringando de aceite hirviendo
y pan rallado el mediodía.
Las finanzas públicas,
a punto de estallar.
Dengue, secuestros, humedad;
ceros exponenciales
        como sufijos a la vida diaria.

Pero una línea de talas,
        al fondo de mi casa
su tejido ramaje y el serrar
        de chicharras,
son la paz.

Camiones vienen y van
llevando de los silos
        los aromas del maíz
pisoteado en el trasvase,
        y su gabazo,
que se pudre.

Hombres, al fin,

        en el tiempo

        transformamos

el tiempo.

Se agarra, el tala, al suelo

con espina y raíz,

en una larga

meditación.

POEMA DE NAVIDAD

Nacimos,
hicimos nacer
niños azules; a bocanadas
de pánico y dolor
        sorbieron ellos
        el aire de este mundo
en maternidades fluorescentes.
Y cada vez fuimos
        la sagrada familia.

Nosotros,
andando cuestas,
ríos, hielos, mares, cielos
al rescoldo de *beb* y de *beibi*;
sobre el ave del deseo
        (con semen y flujo,
        piel y saliva se concibe)

seguimos naciendo.

CUMPLEAÑOS

Inflama y copia al pábilo,
gravita al encandecer
y asciende, a la vez hendiendo
un socavón de sombra,
hacia las flores del papel,
este fuego conducido
que devora aire y a cambio
nos da un halo naranja,
ubre y hostia.
Como en la adoración
de Rembrandt, brilla el don
en nuestros rostros:
es cobijo que, soplando la llama,
converge en humo único,
también él fuego invisible.

PRANA

Este es el milagro
de la respiración:
dejar al aire
ser a través tuyo
esta fuerza
que cede,
receja y no
cesa nunca.

Como un lazo de sauce
anuda y termina
el día.

En levedad
te sostiene,
en él te disuelves.

ESTA TAZA AL ALBA ES INEXPLICABLE

Taza al alba, una fina cota
de sombra irisada fuga
tus bordes y aristas;
y en el abra incierta de ahora
te diluye, abruma.

¿Sos blanca, o hay poros
de tiempo que transen con luz
y ceniza la porcelana?
Así te abstraen,
inexplicable.

Otro instante, y ya perfila
un brillo tenue el bocal,
pero lo oscuro aún
llena la taza.
De ese modo despierta
cada cosa a la diferencia.

UN DIÁLOGO DE ABISMOS

Dios me habla con las flores de los árboles
¿o son los árboles que le responden
vaciando una flor, que en élitros
de perfume muy leve desciende
y repica, concreta e ineludible
en mi mesa, ahora?

Es un diálogo de dones
entre la matriz del cielo
y el abismo de los cálices,
que para eso de que no existen hechos
sino interpretaciones,
sería un buen ejemplo.

Pero aquí, alguien
tomó la palabra primero.

FROM THE MORNING

Con rumor de sombra líquida
escribe la luz en mi pared,
designa y es:
celosía de herraje,
aire de acacia,
persiana y follaje.

Toda la hora
deviene pentagrama
del jacarandá.

EN PRESENCIA

Una iglesia en Ferrara
llena de silencio y desierta
sino por un fraile que ora
y el sol que colora
ventanas de alabastro
cortinas amarillas
y a mí.

la iglesia es una mente, el
sagrario su lóbulo frontal,
un transepto la memoria;
suspensos en esta luz
de yema de huevo,
el fraile y yo somos
pensamientos
apenas parpadeos
de la eternidad.

EPIFANÍA

Hermosa dribleas
los autos varados
en canicular estasis.
Cada giro leve
te asoma a la nada,
pero tu bici emerge,
vuelve al ser, que esplende
con fruición de duraznos.

HAIKU ENGORDADO

Pienso que Matsuo Basho
hubiese escrito algo distinto
que aquel joven francés:
un pájaro baja a escarbar
en limo blando, el
follaje vibra
pasada la lluvia estival,
sisean ruedas en *glissando*,
da el olor a bosque
sensación del tiempo,
y lo reabre a un perdón
que convoca a la canícula
y a la lluvia otra vez.

Apenas tres líneas,
doce sonidos,
con el sentido hípercondensado
en una red de alusiones.

¿Cuál es mi modo de decirlo?

Todas estas cosas
de la lluvia van
más allá del durar
de su hermosa inmanencia.

Cuando era niño,
ella seguía en el perfume
del cemento humedecido

y la tierra entre baldosas.
De a poco iban saliendo a la vereda
los que volvían a jugar.

También a mí
me darán por nombre el caminante.

DOS

En un país extraño

¿Cómo podíamos cantar un canto del Señor

en un país extraño?

Salmo 137

NIEBLA

Y esto también es niebla, charca
en la que al agua se le imbrica
molécula
a molécula el alga, tal cual
escala el musgo cortezas
de robles, estatuas
de Diana o bustos
patricios,
da igual.
Esto también, intentar
un espejo en el agua quieta
apartando el barro.

Esto también es vacío.
Las raíces en haz ¿esperan
en su latencia ser loto
o, seccionadas, mueren?

Porque al hollar del paso
replica ya el bulbo, en mi hijo
camina de espaldas
el niño que fui.

> Bajo los párpados, como alevinos,
> se agitan los ojos;
> y lo que ven ahora o verán

cuando se corte el hilo de plata
¿quién puede saber si es la nada?

DONDE HABITA UN NIÑO

No un minotauro al centro del amor,
sino ese niño,
jugando en una casa
donde no hubo no hay nadie
salvo él, enmascarado;
una casa que lo habita,
cuyos óleos remontó mil veces
por la noche. En marinas de acuarela,
en espejos sin huella de perros,
ni de los mismos vivientes
de ahora, pero más jóvenes,
sus ojos escrutan; también.
el otro laberinto, el de lo dicho:
una ciudad sumergida,
que fulge en los pólipos
de lo que era tangible,
y hoy es materia de sueños.
Al encuentro de ese niño,
de su extravío
mirémonos ahora.

SACRIFICIO

Era un nenito que acopiaba santos
y repetía hagiografías de tres líneas
enfocando con linterna hacia el que soy
en la sinestesia de orín, sol
y naftalina. Lábil letra en esmeril,
con esos milagros jesuitas tejía
la muerte un escapulario hondo
como ella misma
y en la memoria lárica o el amiguito
casi llevado por el río, febril
y tiritando en el umbral,
prefiguraba su encuentro.

En la tarde azul de Argañaras,
el contorno del gomero desangrado
en filamento de leche amarga
era pura existencia:
placer, terror y límite
como el sueño alucinado de un preso
ante el cuchillo de obsidiana.

POEMA OCHENTOSO

A partir de ahora
la permanencia de los niños frente al televisor
queda bajo la exclusiva responsabilidad
de los señores padres

y después era la noche, ese motor diesel
tiritando en el empedrado
por indulgencia del farol municipal,
ve la copa umbrosa del gomero
velar cobijando la panadería.
Olor a ubre y carne en el mercado.
Y los mensajes del Estado
llamando a una tarea común
con una candidez
que era aún el siglo veinte.
Sumo en Feliz Domingo,
Titanes en el ring,
el horror dosificado
en apenas dos tabloides,
la contracultura en fanzines
que ensuciaban los dedos,
la transgresión en Nave Jungla,
las pulsiones en un rincón
del puesto de diarios,
pornos brasileras: gordas y señores
de aspecto sueco que cogían
con las medias puestas
y la ingenuidad del plumín

blanco dibujando en celuloide
un filamento de semen.
La trasnoche de Tinto Brass
en el cine Rialto.

Todo reparaba esos espasmos
que sacudían el cuerpo social:
los brotes del cólera,
la cucaracha de Chagas
o el Sendero Luminoso...

Y sin embargo era la intemperie.

ARGAÑARAS

En torno a la escuela normal,
la cortada irradiaba
sus picados hacia un confín
delimitado por pandillas:
Camargo, Rocamora, Frías.
De zaguanes grises,
de casas con jardín y mármoles,
de piezas en pensiones que habitaban dos
venían bajo un sol
cuyas explosiones elidían el contorno
de cordones, veredas, y el hedor
sulfúrico de gatos atropellados,
sudor y “agua podrida”
en el *élan* de la infancia.

Era el fútbol arreciando
esas pequeñas vidas
que expiarían
fatalmente el fracaso
en el placer del humo,
de esnifar mierda
y extraviarse en galerías
de plátanos enfermos.
De esa deriva, el
zorzal, mujaidín
aferrado a cables y antenas
una y otra vez,
al final de cada noche,

rompía el hechizo
y la narcosis.

Astillas
polvo de vidrio
el orden feudal de los niños
fulge aún entre los adoquines.

LE GRAND MÉCHANT LOOK

Estoy parado a los siete
en el lugar donde la piedra
movediza de Tandil
esquivó mil años
la ley de no volver atrás
con una remera que dice
Le grand méchant Look.

Posando sobre el suelo liso
pensaba "papá me quiere tirar"
mientras papá disparaba
y el obturador ocluía
esa duda, para siempre.
No temía el sacrificio,
sino el atisbo de una lucha inmóvil
donde escapar o esperar la foto
se llevaría la mitad de mi vida.

Al borde de un salto,
en un lejano río,
obedece el niño también
a la cámara y devuelve
        ese temor al filicidio
        multiplicado en abismos, que roza
        un aspecto esencial de ser hijo.

EL ÚLTIMO ENCUENTRO

Tras veinte años de dominación peronista
volvimos a encontrarnos.
La ciudad, en tanto,
había crecido en lujo y guetos de exclusión;
pero tu cara cabía en mi cara como entonces.

Era un patio sellado esa mirada,
que atravesaba equilibrista una nena
para regresar a tu cuarto,
una cisterna, a la que aún
en nuestros años santos,
entre La Tablada y dos mil uno,
horadaban las hormigas del cemento,
inadvertidamente.

DRAMATIS PERSONAE

Jugaba a "los irrompibles"
como quien celebra su apoteosis:
caminaba por cornisas, me chocaba
contra el piso y las paredes.
Era del bando de los dioses,
jamás moriría.

Si vivir es peligroso
lo asumí mucho después,
conforme la tragedia imbricó
su ley en vidas ajenas,
quebró las defensas,
arrasó sus murallas,
arropó en polvo cada pupila.

Sé que vamos oscilando en la isoeléctrica
línea, que no vuelve
no quiere volver al silencio inicial:
la torcemos hacia el llanto o la risa
y esperamos de la obra
que no termine tan mal.

Pero tenía razón entonces.

RADIOAFICIONADO

Como en una *séance*, cada viernes
la radio ocupaba el salón
para sondear modulando
el espectro en onda corta.

¿Qué sentido intentó cribar
mi papá en las frituras,
el ulular, un canto estático?

Eran voces, corpóreas
solo un instante, después
interferidas, disipadas
todavía más lejos.

En todo caso, el alba
dejaba un pozo de ruido blanco
barrido de antenas, llovizna,
una máquina de soledad
y todo en silencio otra vez.

HISTÉRESIS

Repetí muchas veces el ritual
de dar *play* a un cassette naranja,
absorto en la iteración del carretel
que propalaba un silencio químico,
y produjo siempre en mí
el efecto del incienso en la liturgia;
ya con un pastiche de temas
de ópera y el ruido indicial
de los cabezales sobre la cinta
iniciaba.

Hasta que asoma en ese palimpsesto
la voz de mi padre.

Luego se corta. Pero sigue
y sigue, esa fuga silenciosa de la cinta
hasta durar toda la vida,
como el metro ahogado
de un salmo no escrito.

En la grafía del instante, esclarece
esa frágil arcilla irradiada,
la mínima mitología personal:
    también he sido el callado espectador,
    ligando un desencuentro a otro,
    como el dios creado a su semejanza.

PERESTROIKA

el eritema de un ruso
tonalizado como el fascinum
en el atlas de 1987
todavía existía la URSS
yo editaba un manual de geografía
en cuadernos Rivadavia
Yugoslavia
Población
República Democrática Alemana
Capital
atribulado ruso del eritema
Gorbachov
atrapado en el *tape* abrazando la mano
de Reagan
te recuerdo
en habitaciones doradas
y celestes
un trozo morado
de historia personal
que inauguraba en mi otro orden
o para decirlo sin rodeos
la infancia termina
como termina un imperio.

UN REGRESO DE ULISES

Al centro de la habitación estoy remando.
Espuma salobre en el bauprés,
guía el pontón la huida hacia un armario,
se sume el oleaje en el parquet.

Tras esta puerta sentí la muerte:
la Cruz del Sur, en el plafón
no orientó siempre, y en
la noche turbia
giraba sin sostén, centrifugando.

Huir al centro entonces,
porque no hay fuga
posible hacia los radios
y el fin es el origen: ese espacio
donde mis padres pusieron una cuna.

Si es límite y mundo
este cuarto de niño,
que sea también itinerario:
en la orilla volveremos a estar juntos
aunque la casa haya sido
derribada hace mucho.

ISAAC

Brillo lítico del pedernal
en la leña del holocausto,
cuando abrí los ojos
el cuchillo estaba abandonado.

¿Veía mi padre en el cielo
un domo espejado,
halos luminosos
rodeando las cosas,
emanando de ellas?

¿O no había razón
ni fundamento,
solo silbido de silencio?

Como avergonzados,
hemos vivido a espaldas,
cada vez más lejos
del altar de sacrificio,
al que ahora regreso.

THE BABY BOOMER'S GUIDE TO PARENTING

Trabajar,
volver del trabajo,
caminar a la copiadora,
conversar junto a la máquina de café,
política interna en los pasillos
tiempo muerto en el palier;
hace muchos años trabajé
en una oficina y veía el tiempo
pasar entre ladrillos transparentes.

Lo mejor de la vida de mis padres
se fue así. En el comedor
un cuadro de Imperiale:
la fila estiba del pontón
a la bodega su carga,
van corvados rampa arriba,
aplastados, los obreros;
como piezas de una serie
en la cinta de montaje,
todos a un tiempo persona
y función, productos
y productores. Pienso que
su ética era esa: seguir
el manual de posguerra
para una vida feliz.

ALGO DE VERDAD

Ahogada en baños “de época”
de mayólica ocre y amarilla
en departamentos que no alquilé,
vida limitada por angostos
desfiladeros sin sol, aireluces
entre medianeras,
hollín y cago de palomas.
Casas vacías, que seriaban
un desierto mental;
y otras, donde la muerte o la soledad
se barrían más fácil:
en las que mis libros,
muebles y fotos
afinaban mejor,
y que en todo caso
también ocupé,
de cara al aireluz,
con la esperanza
de que una persona emergiera
de esos párrafos prematuros
y botellas de cerveza,
pulsando el teclado,
buscando algo de verdad.

COMO ANIMAL NOCTURNO

Como animal nocturno
cavaba en vos un túnel,
arenilla sobre nácar
olía a resabio de ola, a la
succión de navajas;
y a veces era la fricción
de arcilla colorada
en el calor de febrero,
o la muerte ofrendándose
en laxitud al ansia
osificada en garra.

Grumo de tierra quemada,
así me llegaba el mundo;
la luz era esa tinta
corroída y negra.

Como topo, entonces,
solo podía olerte
en la salida,
en todas partes,
con ritmo y desolación.

NAGA

Durante un mes vimos solo Budas
en yeso, teca o bronce, siempre
el gesto impasible, la mirada muda,
apenas los mudras mutaban la serie.

Volvíamos por un bosque azulado
de caravanas humanas en moto-taxi,
el velo poluto de lo aparente, al ocaso,
envolvía lo envolvente.

Luego cuervos amanecían,
como notas de urgencia oscura
se multiplicaban con desasosiego
entre inflorescencias.

Ave, ojo de obsidiana; Buda, ojo de jade,
cuando arreciaba
en un tiempo sin definir,
fue el viento quien me tuvo a su reparo.

WEN 文

En lo profundo de una flor
fosilizada en ámbar
hallaron un gorgojo.
Cuarenta millones de años
llevaba metaforizando.
Con su pico de bandurria
o médico medieval
¿qué secreto busca
tan adentro en las corolas
o en la cáscara del cereal?

Como las vetas en piedra o madera,
el paso de aves en arena
o el dibujo de los caparazones,
rasgos con que el tiempo
se vuelve literal
y se inscribe a sí mismo,
que se añada esta acepción
al caracter *wen*:
este bloque de resina al trasluz,
junto a las constelaciones,
y también mi vida:
el bordado de silencio y voz,
el surco circular
cada vez más trabajoso
en el tejido ambarino que se espesa.

YOHAKU NO BI

Este jardín zen en mis dedos
blanco eco lacustre
de piel y grava

es un evento vacío:
sin decir, dice
de ese designio
que lo labró.

RUBAIYAT

La actividad nerviosa decae
con bajo trémolo en el plexo
hasta un limo tibio,
laxo el tenor de la ideación

déjenme acá, ustedes sigan,
remontando la espesura en camalote
que era recién tierra firme.
Que se abra el vino

como un nenúfar
y rezume etílico el viaje
a la noche profunda
su fatigoso hedor.

Apaguen la luz,
cancelen lo de mañana,
no paguemos nada.
Lo que tu jefe llama desidia

lo que el pastor llama embriaguez
esa deriva de blandos posibles
hacia la América del sueño:
hacela sonar.

FIERRO

los ladrillos de este mundo son tesis
y refutaciones de tesis a veces
destruidas por un cañón 38
en la salida errada del Buen Ayre
bello orificio carmesí
por donde se escapa una vida
despojada de OSDE
hijos y mujer
solo el pasto de colectora
su perfume a tipa y glifosato
fuego camina conmigo
hamster pedalea junto a mi
hamlet vuélvete manteca de cacao con
[delicioso mani
el tinglado que se ha montado aquí
con un jirón de código civil
prestado de Francia
el positivismo más rancio
interpretado por ese capitán
de un regimiento en medio de la nada
todo eso se esfuma
fuego camina conmigo
que arda todo de una vez
esta casa con rejas
la reversión del proceso civilizatorio
la cartelización del monopolio de la fuerza
la torre de los ingleses

la familia escarbando en el CEAMSE
en la hoguera de una frontera que nunca estuvo
conflagrado en el malón
gaucho indio juez
y lumpenproletario.

CERRADO POR DERRIBO

Algunas cosas crecen mejor lejos
del cuidado y del cálculo.
Como ese potus
que no incluyó el inventario
y prospera en la planta
brutalista, abandonada:
su mobiliario en degradé
del beige al mostaza,
legajos y contabilidad
se decoloran a la intemperie
que dejaron los mudadores:
sillas de acero cromado,
persianas americanas,
archivadores de fórmica
enchapados en falso nogal,
armarios de maestranza
marcados a punzón, que dicen
boca, river, racing.
Y la presencia testimonial del potus,
que espera el derribo
o atravesar el vidrio ahumado
para seguir al sol,
sin que nada de esto altere
el balance ni el capital
del libro donde figura asentado.

EL NAUTILUS

Así el nautilus
cierra tras de sí estancias
y en cada hito itera
la medida de su designio,
una elipsis que fuga
desde el centro húmedo
y nacarado del origen,
como quien a piedra y lodo
clausura una dicha
y se va.

Al corte transversal,
en el museo de ciencias
que visito como paseador
de un enjambre de niños
más o menos consanguíneos,
la simetría de ese escape me alude
solo en la línea de fuga:
en la vida es posible remontar
y hasta cerrar el círculo.

UNA POÉTICA

Crear como crea un niño,
sin reverencia al Bompiani
o a un canon cualquiera,
con júbilo de iluminador
y foco en mí.

Y así y todo,
tiene que costar,
dar vergüenza y dejar
expuesto eso que arde,

para que alguien diga:
“esto es verdadero,
yo estuve ahi”.

Índice

www.ingramcontent.com/pod-product-compliance
Lightning Source LLC
LaVergne TN
LVHW090137160826
845673LV00017B/2502

* 9 7 8 9 8 7 4 0 9 5 1 3 8 *